OPTImal GRILLEN

Impressum

HEEL Verlag GmbH
Gut Pottscheidt
53639 Königswinter
Tel.: 02223 9230-0
Fax: 02223 9230-13
info@heel-verlag.de
www.heel-verlag.de

5. Auflage: 2020

Fotos: Volker Debus, mit Ausnahme S. 6, 8, 9, 11: ©Tefal
Foodstyling: Christine Birnbaum
Projektleitung: Christine Birnbaum
Gestaltung: Andrea Martens, gutforfood

Klimaneutral und unter Verwendung FSC®-zertifizierten Materials gedruckt

Klimaneutral
Druckprodukt
ClimatePartner.com/12515-1908-1001

FSC www.fsc.org
MIX
Papier aus verantwortungsvollen Quellen
FSC® C084279

Printed in Slovenia

ISBN 978-3-95843-970-2

Oliver Quaas

OPTImal GRILLEN

REZEPTE FÜR DEN OPTIGRILL

Tefal
HEEL

Inhaltsverzeichnis

PANINI

SCHWEIN

STEAK

WURST

Ein paar Worte vorweg

Was treibt einen bekennenden Griller an den Kontaktgrill? Zunächst natürlich die Neugierde. Ich probiere gerne aus, sowohl was die Grillgeräte angeht als auch bei dem, was auf den Rost kommt. Nach den ersten Versuchen waren es dann natürlich auch die Ergebnisse, die mich (an)getrieben haben.

Nicht alle haben die Möglichkeit „klassisch" zu grillen, sei es, weil es weder Garten noch Terrasse gibt oder weil in der Mietwohnung auf dem Balkon das Grillen verboten ist. Wieder anderen ist der Aufwand, mit Kohle oder Gas zu grillen, einfach zu groß.

Für all diejenigen habe ich mich etwas eingehender mit dem OptiGrill beschäftigt und zeige in diesem Buch, welche Möglichkeiten der Kontaktgrill bietet. Wer schnell, unkompliziert und ohne Vorkenntnisse mit garantiertem Erfolg Leckeres auf dem Kontaktgrill zubereiten will, dem ist der OptiGrill wärmstens zu empfehlen. Und auch, wenn einige Gäste anfangs vielleicht lächeln werden, spätestens, wenn die Teller angerichtet sind, wird es still am Tisch und das Staunen ist groß, denn niemand hat damit gerechnet, dass ein solch kleines Gerät so leckere Sachen hervorbringt.

Ich wünsche Ihnen viel Spaß und guten Appetit bei diesem wunderbaren Grillerlebnis

Oliver Quaas

Tefal
OptiGrill
OK
M

Gut zu wissen

Der Kontaktgrill – die ersten Schritte

Wer zum ersten Mal vom „normalen" Grill zum Kontaktgrill wechselt, sollte einen ganz wesentlichen Faktor beachten, der beim offenen Grill nicht relevant ist: Das Grillgut muss eine gleichmäßige Höhe haben, sonst gart es unregelmäßig. Hält man sich an ein paar Tipps, hat man mit dem OptiGrill eine Gelinggarantie.

Wenn man also Würfel schneidet, z. B. für Spieße – egal ob von einer einzigen Zutat oder von mehreren unterschiedlichen – muss man an dieser Stelle sehr genau arbeiten. Aber die Mühe lohnt sich auf jeden Fall!

Gerade bei empfindlichem Grillgut, wie beispielsweise Fisch, ist es sinnvoll, den Fisch, bzw. die Filets so auszusuchen, dass es keine nennenswerten Unterschiede in der Höhe gibt. Da der Deckel des OptiGrills schon ein gewisses Eigengewicht hat, besteht die Gefahr, dass der Fisch in Mitleidenschaft gezogen wird, wenn das Gewicht nicht über die ganze Fläche des Fischs verteilt aufliegt, sondern nur an einer Stelle. Außerdem würde der Fisch an den weniger dicken Stellen nur von unten garen.

Bei Fischgerichten sollte man auch darauf achten, den Fisch nicht zu dünn zu wählen, denn bei den meisten Fischarten ist die Konsistenz eher weich und der Fisch würde, wenn er nicht eine gewisse Dicke hat, durch die Platten zusammengedrückt.

Das Panini-Programm – ein veritabler Sandwich-Maker

Was sich zurückhaltend hinter der Panini- oder auch Sandwichtaste verbirgt, ist nichts weniger als ein Sandwich-Maker. Im Buch sind zwar eine ganze Reihe Rezeptideen zu finden, aber gerade das Panini-Programm hat ein ganz besonderes Potential. Hier kann man nach Herzenslust experimentieren und es schmeckt – fast – immer.

Wenn das Brot mal ein bisschen trocken geworden ist, man aber nicht schon wieder Croûtons daraus machen will, dann lässt sich dies prima im Panini-Programm zu einer leckeren Mahlzeit aufpeppen. Man braucht nicht viel – und auch der Belag darf durchaus auch aus Resten bestehen.

Ob Salatcreme, Pesto, BBQ-Sauce, Frischkäse oder Preiselbeeren – die einzige Grenze ist der ureigene Gaumen. Erlaubt ist, was schmeckt und gerade bei der Zubereitung von Paninis staunt man, was so alles miteinander kombiniert werden kann.

Wenn man die Brot- oder Sandwichscheiben besonders kross haben möchte, streicht man sie auch von Außenseiten mit etwas Butter ein. Als „Substanz" eignet sich auch Ciabatta, sowohl längs als auch quer geschnitten.

Beim Zusammenbauen des Paninis sollte man beachten, dass das Gewicht und die leichte Neigung des Deckels die obere Hälfte des Paninis beim Schließen des Grills etwas nach vorn verschiebt, sodass es besser ist, diese Hälfte etwas nach hinten versetzt aufzulegen, damit das Sandwich am Ende dann passgenau zusammenhält.

Gemüse – einfacher geht es kaum

Auch wenn Sie nicht den Elite-Grill nutzen, sondern den OptiGrill ohne die einzelnen Gemüseprogramme, ist das Grillen verschiedenster Gemüse ganz einfach. Für diesen Fall tastet man sich am besten mit dem **Manuellen Programm** heran und probiert ganz einfach, wann das Gemüse den richtigen Gargrad hat.

Beim Bestücken der Grillplatten sieht man auf der unteren Platten kleine schwarze punktgroße Erhebungen, die verhindern, dass das Grillgut nach vorne rutscht. Am besten legt man das Gemüse direkt von diesen Punkten aus nach oben auf die Platte, dann kullert nichts über diese kleine Barriere.

Die Königsdisziplin – das Steak

Hier sorgt das OptiGrill-System mit der Möglichkeit des „Automatic Sensor Cookings" dafür, dass das Fleisch den perfekten Garpunkt bekommt. Ideal für den Gaumen, denn jeder bekommt das, was er vorher eingestellt hat, und zwar genau das.

Durch das Prinzip des „Automatic Sensor Cookings" werden die Grilltemperaturen und Grillzyklen automatisch an das jeweilige Produkt angepasst. Man legt die Zutaten auf den Grill und in Abhängigkeit von der Dicke wird die Temperatur und der Grillzyklus berechnet.

Eine Möglichkeit, ein intensiveres Branding zu bekommen, ist das sanfte – und wirklich nur sehr sanfte – Bestreuen mit Zucker. Zucker intensiviert die Maillard-Reaktion, sodass ein deutliches Branding entsteht.

Aber Vorsicht: Nicht zu viel Zucker, wir wollen ja kein süßes Steak …

BURGER

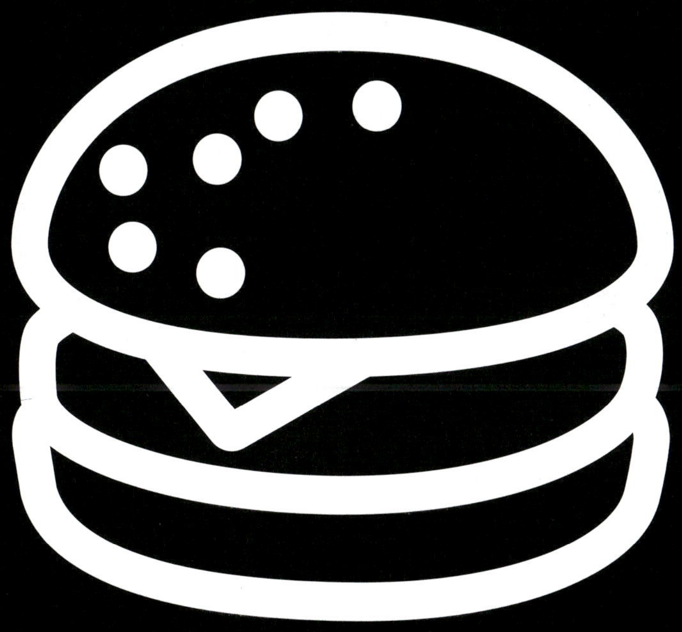

Kräuterseitling-Burger mit Feldsalat

2 PERSONEN 15 Min. Vorbereitung | 25 Min. Grillzeit

Zutaten

2 Burger-Buns
300 g Rinderhack
4 Scheiben Bacon
Salz
frisch gemahlener Pfeffer
2 Kräuterseitlinge
1 Schalotte
1 Knoblauchzehe
Olivenöl
2 Scheiben Cheddar
Salat
4 EL Mayonnaise
1 TL geräuchertes Paprikapulver
Feldsalat

Zubereitung

1. Rinderhack mit etwas Salz und frisch gemahlenem Pfeffer würzen und 2 Patties à 150 g formen.

2. In einer Pfanne auf dem Herd etwa 2 EL Olivenöl erhitzen. In der Zwischenzweit Kräuterseitlinge putzen und der Länge nach in ca. 2 mm dicke Scheiben schneiden.

3. Schalotte und Knoblauch fein würfeln.

4. Kräuterseitlinge im heißen Olivenöl goldbraun rösten und die letzten 2 Minuten Schalotten und Knoblauch mit anschwitzen. Kräuterseitlinge aus der Pfanne holen und warm halten.

5. Mayonnaise mit geräuchertem Paprikapulver vermischen.

6. Programm Manuell oder **Bacon** (sofern vorhanden) wählen und die Bacon-Scheiben knusprig grillen. Auskühlen lassen und grob zerbröseln.

7. Burger-Patties im **Programm Burger** grillen.

8. Burger-Buns aufschneiden und alle Hälften mit der Paprika-Mayonnaise bestreichen.

9. Nach dem Grillen auf die untere Hälfte etwas Feldsalat und Bacon-Brösel geben. Die gegrillten Patties und eine Scheibe Cheddar darauflegen. Als Topping die Kräuterseitlinge auflegen und zum Schluss die obere Bun-Hälfte aufsetzen.

Guacamole-Burger

2 PERSONEN 15 Min. Vorbereitung | 15 Min. Grillzeit

Zutaten

2 Burger-Buns
300 g Rinderhack
Salz
frisch gemahlener Pfeffer
2 Avocados
1 kleine Zwiebel
1 kleine Tomate
1 Knoblauchzehe
½ Bund Koriander
Saft einer halben Limette
50 g Mayonnaise
1 Jalapeño
1 TL Limettensaft
1 Prise Salz
Salat nach Wahl, z. B. Rucola
oder Wildkräuter

Zubereitung

1. Rinderhack mit Salz und Pfeffer würzen und 2 Patties à 150 g formen.

2. Für die Guacamole das Fruchtfleisch der Avocado mit einem Löffel in eine Schüssel geben. Sofort mit dem Saft einer halben Limette beträufeln.

3. Tomate aufschneiden, entkernen und fein würfeln.

4. Zwiebeln und Knoblauch fein würfeln.

5. Koriander hacken.

6. Alle Zutaten (Avocado, Tomate, Zwiebeln, Knoblauch, Koriander) miteinander vermischen und mit einer Prise Salz und etwas frisch gemahlenem Pfeffer würzen

7. Für die Mayonnaise, die Jalapeño entkernen und fein würfeln, mit Mayonnaise und Limettensaft und einer Prise Salz vermischen.

8. Burger-Patties im **Programm Burger** grillen.

9. Burger-Buns aufschneiden und beide Hälften mit der Jalapeño-Mayonnaise bestreichen. Burger-Patties darauf setzen und 1–2 EL Guacamole auf das Fleisch geben. Zum Schluss etwas Salat auflegen und dann die oberen Bun-Hälften aufsetzen und servieren.

Burger Greekstyle

2 PERSONEN 15 Min. Vorbereitung | 15 Min. Grillzeit

Zutaten

2 Burger-Buns
300 g Rinderhack
½ Packung Feta
1 rote Zwiebel, in Scheiben geschnitten
Rucola
Mayonnaise
1 Knoblauchzehe, sehr fein gehackt
1 Tomate, in Scheiben geschnitten
Salz
frisch gemahlener Pfeffer

Zubereitung

1. Rinderhack mit Salz und Pfeffer würzen und Burger-Patties zu je 150 g formen.

2. Fetakäse mit der Hand grob zerkrümeln, Zwiebel und Tomate in Scheiben schneiden. Knoblauch sehr fein hacken und mit der Mayonnaise vermengen.

3. Die Burger-Patties im **Programm Burger** grillen.

4. In der Zwischenzeit die beiden Brötchenhälften mit der Knoblauch-Mayonnaise bestreichen. Auf die untere Hälfte etwas Rucola legen.

5. Sobald die Burger-Patties fertig sind, je ein Patty auf die untere Hälfte mit dem Rucola legen. Reichlich Fetakäse auf das Fleisch geben, danach Tomate und Zwiebeln. Anschließend die obere Brötchenhälfte aufsetzen und servieren.

Burger BLT Burger – Bacon Lettuce Tomato

2 PERSONEN 15 Min. Vorbereitung | 15 Min. Grillzeit

Zutaten

2 Burger-Buns
300 g Rinderhack
Salz und Pfeffer
geräuchertes Paprikapulver
6 Scheiben Bacon
1 Tomate
Lollo Bionda Salat
Ketchup oder BBQ Sauce

Zubereitung

1. Rinderhack mit Salz, Pfeffer und geräuchertem Paprikapulver vermengen und 4 Patties à 150 g daraus formen.

2. Tomate in Scheiben schneiden und den Salat waschen und trocknen.

3. Programm Manuell oder **Bacon** (falls vorhanden) auswählen und Bacon auf die gewünschte Bräunung grillen.

4. Anschließend **Programm Burger** auswählen und Burger-Patties bis zur gewünschten Garstufe grillen.

5. In der Zwischenzeit die Burger-Buns aufschneiden und beide Hälften mit Ketchup oder BBQ Sauce einpinseln.

6. Auf die untere Hälfte nachfolgend den Salat, das Burger-Patty, die Tomaten und als Topping je drei Scheiben Bacon verteilen.

7. Die obere Brötchenhälfte aufsetzen und servieren.

Burger mit Gurken-Raita

2 PERSONEN 15 Min. Vorbereitung | 15 Min. Grillzeit

Zutaten

2 Burger-Buns
300 g Rinderhack
Salz und Pfeffer
Lollo Bionda Salat oder ein ähnlicher
¼ Gurke
Für die Raita:
¼ Gurke
60 g Schmand
2 TL frisch gepresster Zitronensaft
1 EL gutes Olivenöl
1 kleine Knoblauchzehe, fein gehackt
¼ TL Currypulver
¼ TL grobes Meersalz

Zubereitung

1. ¼ Gurke der Länge nach in dünne Streifen schneiden bzw. hobeln.

2. Für die Raita die andere Hälfte der Gurke schälen und fein hacken oder mit einem Mixer zerkleinern. Die übrigen Zutaten für die Raita hinzugeben und gut vermischen.

3. Hackfleisch mit Salz und Pfeffer würzen und 2 Burger-Patties formen.

4. Programm Burger auswählen und Burger-Patties bis zum gewünschten Gargrad grillen.

5. In der Zwischenzeit Burger-Buns aufschneiden und die beiden Hälften dünn mit der Raita bestreichen. Auf die untere Hälfte dann etwas Salat, das Burger-Patty, die Raita und ein paar Streifen Gurke. Zum Schluss die obere Hälfte aufsetzen und servieren.

Stuffed Nacho Bacon Burger

2 PERSONEN 10 Min. Vorbereitung | 20 Min. Grillzeit

Zutaten

2 Burger-Buns
300 g Rinderhack
4 Scheiben Cheddar
4 Scheiben Bacon
Salz und Pfeffer
Salsa-Sauce
Nachos
Bacon
Salat
1 Tomate, in Scheiben geschnitten

Zubereitung

1. Den Bacon im **Programm Manuell** oder **Bacon** (falls vorhanden) knusprig grillen und zur Seite stellen.

2. Inzwischen Hackfleisch mit Salz und Pfeffer würzen und 2 Patties à 150 g formen.

3. Mit dem Daumen ein Mulde in das Hackfleisch drücken und je 2 Scheiben Cheddar (zuvor zerkleinern) in die Mulde drücken. Anschließend das Hackfleisch wieder verschließen, so dass kein Käse ausläuft.

4. Programm Burger wählen und die Patties knusprig grillen.

5. In der Zwischenzeit den Zusammenbau der Burger vorbereiten: Die unteren Brötchenhälften mit der Salsa-Sauce bestreichen und etwas Salat darauf geben.

6. Nach dem Grillen je einen Burger-Patty auf den Salat geben. Auf das Fleisch 1–2 Scheiben Tomaten legen.

7. Nachos und Bacon zerbröseln und als Topping darauf geben.

8. Zum Schluss noch etwas Salsa-Sauce auf den Bacon und die Nachos geben und die obere Hälfte des Buns aufsetzen.

Tipp:

Wenn das Burgerfleisch etwas zu bröselig ist, die fertig geformten Patties für 30 Minuten in den Eisschrank legen und leicht anfrieren.

Tomato Chili Burger

2 PERSONEN 20 Min. Vorbereitung | 15 Min. Grillzeit

Zutaten

2 Burger-Buns
300 g Rinderhack
150 g Cocktailtomaten
1 EL Olivenöl
½ Chiliflocken
½ TL grobes Meersalz
½ TL Zucker
2 EL Mayonnaise
½ TL (geräuchertes) Paprikapulver
¼ TL grobes Meersalz
Salat nach Wahl

Zubereitung

1. Rinderhack mit Salz und Pfeffer würzen und zwei Patties à 150 g formen.

2. Tomaten mit Olivenöl, Salz und Zucker in einer heißen Pfanne auf dem Herd ca. 15 Minuten „zerkochen", mit den Chiliflocken würzen und auskühlen lassen.

3. Das **Programm Burger** wählen und die Burger-Patties grillen.

4. In der Zwischenzeit die Mayonnaise mit dem Paprikapulver und etwas grobem Meersalz verrühren.

5. Die Mayonnaise auf die unteren Hälften der Burger-Buns streichen, etwas Salat und ein Burger-Patty darauf legen.

6. Als Topping die gerösteten Tomaten auf das Patty geben und die obere Bun-Hälfte aufsetzen.

Tipp:

Wenn Sie einen optisch perfekten Burger zubereiten möchten, formen Sie das Fleisch wenige Millimeter größer als den Durchmesser des Brötchens. Das Fleisch verliert während des Grillens Wasser und schrumpft. Wenn am Ende der Patty genauso groß ist wie das Burgerbrötchen, ist es optisch perfekt!

FISCH & MEERESFRÜCHTE

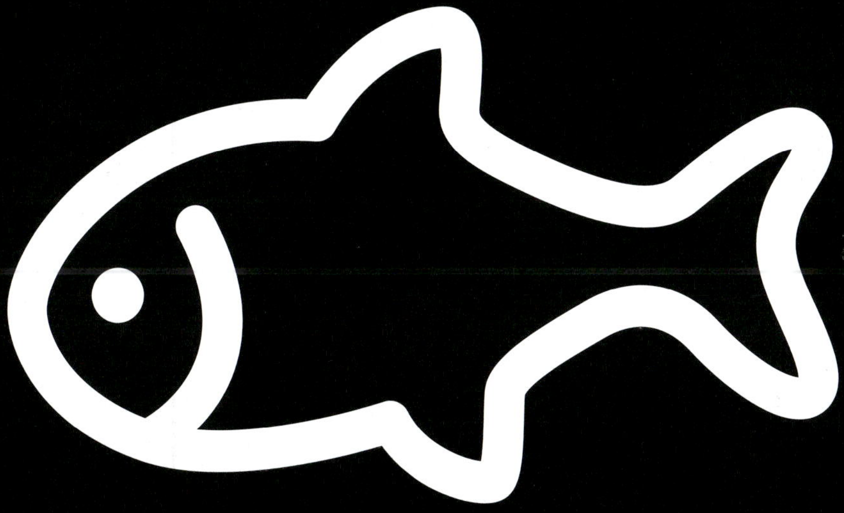

Zanderfilet in Schinken mit Tomaten-Basilikum-Butter

2 PERSONEN 20 Min. Vorbereitung | 15 Min. Grillzeit

Zutaten

400 g Zanderfilet
8 Scheiben Bacon, alternativ Serrano-Schinken
Salz
Pfeffer
Baguette
Tomaten-Basilikum-Butter:
1 TL Fenchelsamen
250 g weiche Butter
1 Schalotte
3 kleine Knoblauchzehen
Salz
Pfeffer
Zucker
4 EL Tomatenmark
10 Basilikum-Blätter
Saft ½ Biolimette

Zubereitung

1. Fischfilet abspülen und trockentupfen.

2. Zander leicht salzen und mit frisch gemahlenem Pfeffer würzen.

3. Serrano-Schinken um das Zanderfilet wickeln.

4. Die Butter in einer Schüssel schaumig schlagen, die Schalotte sehr fein würfeln und unter die Butter mischen. Knoblauch fein hacken und mit einer Prise Salz, Fenchelsamen und dem Tomatenmark in die Butter mischen.

5. Basilikumblätter in feine Streifen schneiden und ebenfalls in die Butter geben. Limettensaft zufügen und nochmals alles gut verrühren.

6. Zum Schluss mit etwas Zucker, Salz und Pfeffer nochmal abschmecken und kalt stellen.

7. Den Zander im **Programm Fisch** goldbraun grillen, mit einem sehr scharfen Messer in zwei Finger dicke Streifen schneiden und anschließend mit der Tomaten-Basilikum-Butter und frischem Baguette servieren.

Dorade mit Kräutern vom Grill

2 PERSONEN 15 Min. Vorbereitung + 15 Min. Marinierzeit | 15 Min. Grillzeit

Zutaten

1 Dorade, küchenfertig
2 Knoblauchzehen
Salz
Pfeffer
Olivenöl
frischer Thymian
1 Zitrone
Petersilie, grob gehackt

Zubereitung

1. Dorade abspülen und trockentupfen.

2. Knoblauch hacken, Thymianblättchen abzupfen und zusammen mit dem Olivenöl, Salz und Pfeffer, einigen Spritzern Zitronensaft und etwas Zitronenabrieb in einer Schüssel vermischen.

3. Die Dorade damit hauptsächlich von innen, aber auch etwas von außen einpinseln und marinieren.

4. Dorade von innen mit grob gehackter Petersilie und einigen Scheiben Zitrone auskleiden und 15 Minuten marinieren lassen.

5. Die Dorade im **Programm Fisch** grillen.

Als Beilage schmeckt ein bunter Blattsalat.

Schwertfischsteak mit Kräutermarinade und Grünspargel

2 PERSONEN 15 Min. Vorbereitung + 1 Stunde Marinierzeit | 10 Min. Grillzeit

Zutaten

2 Schwertfischsteaks
Marinade:
5 EL Olivenöl
1 Knoblauchzehe
Pfeffer
½ TL Salz
1 EL Petersilie, gehackt
½ TL Zitronensaft
Grünspargel:
400 g Grünspargel
2 EL Olivenöl
Meersalz

Zubereitung

1. Zutaten für die Marinade in einem Mixer zerkleiner und vermengen.

2. Schwertfischsteaks in einer Schale mit der Marinade rundherum einpinseln und 1 Stunde einwirken lassen.

3. Den Grünspargel von den holzigen Enden befreien und mit Olivenöl benetzen. Im **Programm Manuell** grillen. Wenn man ihn vorher blanchiert, reicht es, den Spargel nur mit einem Branding zu versehen, ist er noch völlig ungegart, sollte er im **manuellen Programm** möglichst lange verweilen. Bitte immer wieder kontrollieren.

4. Schwertfischsteak im **Programm Fisch** grillen. Zum Servieren noch einmal mit frisch gemahlenem Pfeffer und ein paar Spritzern Zitrone würzen.

5. Den Grünspargel etwas salzen und zum Fisch servieren.

Tipp:

Zum Marinieren eignen sich grundsätzlich auch Zipp-Beutel. Die Luft etwas herausstreichen, so dass die Marinade direkt von allen Seiten wirken kann.

Lachsfilet mit Rucola-Pesto

2 PERSONEN 15 Min. Vorbereitung | 10 Min. Grillzeit

Zutaten

2 Lachsfilets
1 Hand voll Rucola
ca. 50 g Parmesan, gerieben
1 EL Pinienkerne
1 Knoblauchzehe
Salz
frisch gemahlener Pfeffer
Olivenöl

Zubereitung

1. Lachsfilet waschen und trockentupfen. Anschließend leicht mit Olivenöl einreiben.

2. Pinienkerne ohne Fett in einer Pfanne kurz anrösten.

3. Rucola waschen, trocknen und zusammen mit dem Parmesan, Knoblauch, Pinienkerne und etwas Salz und Pfeffer mit einem Mixer fein pürieren. Dabei nach und nach Olivenöl aufgießen, bis eine sämige Masse entsteht.

4. Lachsfilets im **Programm Fisch** grillen und anschließend mit etwas Salz und Pfeffer würzen.
Dazu das Rucola-Pesto servieren.

Tipp:

Etwas Zucker über das Lachsfilet gestreut, bekommt es eine leicht süße Note und bräunt darüber hinaus noch stärker!

Thunfisch Steak mit Mango-Salsa

2 PERSONEN 15 Min. Vorbereitung I 10 Min. Grillzeit

Zutaten

2 Thunfisch Steaks
1 Mango
1 Avocado
½ rote Zwiebel
½ Bund Koriander
1 Limette
Salz
frisch gemahlener Pfeffer
2 TL Piment d´Espelette
4 Cherry-Tomaten

Zubereitung

1. Mango würfeln, Avocado entkernen und das Fruchtfleisch ebenfalls würfeln.

2. Zwiebel in feine Würfel schneiden und Koriander grob hacken. Cherry-Tomaten fein aufschneiden.

3. Zutaten in einer Schüssel vermengen und den Saft einer Limette hinzugeben. Mit Salz und frisch gemahlenem Pfeffer abschmecken.

4. Zum Schluss nochmal 2 TL Piment d´Esplette untermischen.

5. Thunfisch Steaks abwaschen und trockentupfen. Fisch mit etwas Olivenöl einreiben und im **Programm Fisch** grillen. Der Thunfisch sollte nach dem Grillen im Inneren „bleu" sein.

6. Nach dem Grillen kräftig mit frisch gemahlenem Pfeffer und einer Prise Salz würzen.

7. Zum Anrichten den Thunfisch auf den Teller legen und die Mango-Salsa darüber geben. Mit etwas gehacktem Koriander garnieren.

Zander mit Gnocchi und Basilikum-Pesto

2 PERSONEN 30 Min. Vorbereitung | 10 Min. Grillzeit

Zutaten

300 g Zanderfilet
Salz
frisch gemahlener Pfeffer
½ Limette
Olivenöl
1 Packung Gnocchi
Basilikum-Pesto

Zubereitung

1. Fisch abwaschen und trockentupfen. Von allen Seiten mit etwas Salz und Pfeffer würzen und ein paar Spritzer Limettensaft über den Fisch geben.

2. Die Gnocchi nach Packungsanweisung kochen, abgießen und in etwas Olivenöl in der Pfanne rösten. Vor dem Servieren mit Pesto vermengen.

3. In der Zwischenzeit den Zander im **Programm Fisch** grillen.

4. Über den gegrillten Zander etwas Limettenabrieb geben und mit den Gnocchi und der Basilikum-Pesto servieren.

Garnelen-Spieße mit Chimichurri

2 PERSONEN 15 Min. Vorbereitung + 1 Tag Marinierzeit | 10 Min. Grillzeit

Zutaten

12 küchenfertige Riesengarnelen
100 ml Olivenöl
1 Knoblauchzehe
½ TL getrockneter Thymian
Salz und Pfeffer
½ Bio-Zitrone
Chimichurri:
1 Bund Frühlingszwiebeln
1 EL Oregano, gerebelt
1 rote Chilischote, fein gehackt
2–3 Knoblauchzehen, fein gehackt
½ Bund Petersilie, fein gehackt
1 TL Zitronensaft
ca. 110 ml Olivenöl
1–2 EL Rotweinessig
1 Prise Salz
frisch gemahlener Pfeffer
Holzspieße

Zubereitung

1. Zutaten für das Chimichurri mindestens 24 Stunden vorher miteinander im Mulitzerkleinerer oder mit dem Stabmixer vermischen und kalt stellen.

2. Knoblauch grob hacken und mit dem Thymian, einer Prise Salz und Pfeffer sowie dem Olivenöl vermengen. Den Abrieb einer halben Bio-Zitrone und einige Spritzer Zitronensaft hinzufügen und gut durchmischen. Die Marinade ca. 15 Minuten ziehen lassen.

3. Garnelen entdarmen, sofern dies noch nicht geschehen ist und die Schale entfernen. Den Schwanz daran belassen, das sieht schöner aus. Die Garnelen ca. 30 Minuten im Knoblauch-Olivenöl-Gemisch marinieren.

4. Je drei marinierte Garnelen auf einen Holzspieß stecken und dann im **Programm Meeresfrüchte** grillen.

5. Gegrillte Garnelenspieße mit dem Chimichurri servieren.

HÄHNCHEN

Orangen-Oregano-Huhn mit Tomatensalat

2 PERSONEN 15 Min. Vorbereitung + 4 Stunden Marinierzeit | 10 Min. Grillzeit

Zutaten

2 Hähnchenbrustfilets
Marinade:
60 ml Olivenöl
1 EL Orangen-Zesten
60 ml Orangensaft, frisch gepresst
5 Knoblauchzehen, fein gehackt
2 EL getrockneter Oregano
1 TL Ahornsirup
1 TL Salz
¼ TL Pfeffer
Tomatensalat:
Cherry-Tomaten
Salz und Pfeffer
1 EL Balsamico Essig
4 EL Olivenöl
1 kleine rote Zwiebel, fein gehackt
frisches Basilikum nach Geschmack

Zubereitung

1. Die Zutaten für die Marinade miteinander vermengen und in einen Zippbeutel geben.

2. Hähnchenbrustfilets in den Zippbeutel geben und kurz durchkneten, damit die Marinade überall an das Fleisch kommt. 4 Stunden im Kühlschrank marinieren lassen.

3. Tomaten halbieren, Stielansatz entfernen und in eine Schüssel geben.

4. Zwiebel fein würfeln.

5. Balsamico und Olivenöl mit dem Schneebesen gut vermengen.

6. Tomaten, Dressing und Zwiebeln vermengen und mit Salz und Pfeffer abschmecken. Wenn gewünscht, anschließend Basilikum mit untermischen.

7. Hühnchen aus dem Zippbeutel nehmen und überschüssige Marinade abtupfen.

8. Im **Programm Hähnchen** goldbraun grillen, eventuell noch mit etwas frisch gemahlenem Pfeffer würzen und mit dem Tomatensalat servieren.

Curry-Hähnchenspieße (Fingerfood)

4 PERSONEN 10 Min. Vorbereitung + 1 Stunde Marinierzeit | 15 Min. Grillzeit

Zutaten

3 Hähnchenbrustfilets
4 EL Natur-Joghurt, 3,5 %
1 TL Curry, alternativ Paprikapulver
1 TL Olivenöl
1 Prise Salz
frisch gemahlener Pfeffer
1 Knoblauchzehe, gehackt
Saft einer ½ Zitrone
Holzspieße

Zubereitung

1. Joghurt, Olivenöl, Curry (alternativ Paprika), Zitronensaft, Salz, Pfeffer und Knoblauch zu einer Marinade verrühren.

2. Hähnchenbrustfilets in fingerdicke Streifen schneiden und in der Marinade für eine Stunde ziehen lassen,.

3. Filetstücke wellenartig auf die Holzspieße stecken und so gut es geht auseinanderziehen.

4. Programm Hähnchen auswählen und Filetspieße knusprig grillen.

5. Vor dem Servieren eventuell noch einmal mit Pfeffer nachwürzen.

6. Dazu empfiehlt sich eine Knoblauchcreme zum Dippen.

Ananas-Hähnchen-Spieße

2 PERSONEN 10 Min. Vorbereitung + 1 Stunde Marinierzeit | 20 Min. Grillzeit

Zutaten

2 Hähnchenbrustfilets
1 kleine Dose Ananas in Stücken
1 rote Zwiebel
1 TL brauner Zucker
½ Ingwer, gehackt
½ Knoblauchzehe
½ TL frisch gemahlener Pfeffer
(Tipp: Tellicherry Pfeffer)
1 EL Olivenöl
75 ml Soja Sauce

Zubereitung

1. Hähnchenbrustfilets in gleichgroße Würfel schneiden

2. Zwiebel so aufschneiden, dass sie aufgespießt werden kann.

3. Ananasstücke abtropfen und zusammen abwechselnd mit dem Hähnchenbrustwürfeln und der Zwiebel auf 4 Spieße stecken.

4. Die übrigen Zutaten zu einer Marinade vermengen und die Spieße für 1 Stunde einlegen, ab und zu wenden.

5. Programm Hähnchen auswählen und die Spieße goldbraun grillen.

Tipp:

Unbedingt darauf achten, dass die Zutaten in etwa gleich groß, bzw. dick sind, damit die Spieße gleichmäßig gegart werden.

Gewickeltes Bacon-Hähnchen

2 PERSONEN 10 Min. Vorbereitung | 20 Min. Grillzeit

Zutaten

2 Hähnchenbrustfilets
4 getrocknete Tomaten
12 Scheiben Bacon
4 EL Frischkäse
1 EL Parmesan, gerieben
1 TL geräuchertes Paprikapulver
Salz und Pfeffer (Tipp: Tellicherry Pfeffer)

Zubereitung

1. Mit einem Messer längs eine Tasche in die Filets schneiden.

2. Getrocknete Tomaten für ein paar Minuten in heißes Wasser legen, anschließend abtupfen und in feine Würfel aufschneiden.

3. In einer Schale Frischkäse, Tomaten, geriebenen Parmesan, Paprikapulver, wenig Salz und kräftig frisch gemahlenen Pfeffer vermischen.

4. Die Frischkäsemischung in die Taschen der Filets füllen.

5. Filets überlappend mit Bacon umwickeln (längs und quer).

6. Programm Hähnchen auswählen und Hühnchen knusprig grillen.

7. Anschließend in Tranchen schneiden eventuell noch etwas mit frisch gemahlenem Pfeffer würzen und servieren.

8. Dazu schmecken sanft in Öl geschmorte Cherry-Tomaten.

Hühnchen mediterran

2 PERSONEN 10 Min. Vorbereitung + 1 Stunde Marinierzeit I 15 Min. Grillzeit

Zutaten

2 Hähnchenbrustfilets
1 Zweig Rosmarin
1 EL Zwiebeln, gehackt
1 Knoblauchzehe, fein gehackt
Saft einer Bio Zitrone
Schale ½ Bio Zitrone
1 Prise geräuchertes Paprikapulver
6 EL Olivenöl
1 Prise Salz
frisch gemahlener Pfeffer

Zubereitung

1. In einer Schale Olivenöl, Zitronensaft, Zitronenabrieb, Salz, frisch gemahlenen Pfeffer, geräuchertes Paprikapulver, eine fein gehackte Knoblauchzehe, sowie die grob gehackten Rosmarinnadeln und die Zwiebel vermischen.

2. Hähnchenbrüste in die Schale legen und von allen Seiten mit der Marinade benetzen. Für 1 Stunde marinieren lassen.

3. Das **Programm Hähnchen** auswählen und die Filets goldbraun grillen.

4. Anschließend nochmal mit frisch gemahlenem Pfeffer würzen und zum Beispiel zu einem frischen Salat servieren.

Tipp:

Achten Sie beim Einkauf von Hühnchenfleisch auf dessen Qualität.

Yaktori Spieße

2 PERSONEN 15 Min. Vorbereitung + 10 Min. Marinierzeit | 15 Min. Grillzeit

Zutaten

300 g Hähnchenbrustfilet
2 Frühlingszwiebeln
50 ml Teriyaki Sauce
100 ml Mirin
1 EL Zucker
Holzspieße

Zubereitung

1. Hähnchenbrustfilet in kleine Würfeö schneiden. Frühlingszwiebeln in 3 cm lange Stücke schneiden. Die Würfel sollten ungefähr so dick sein wie die Frühlingszwiebeln.

2. Je 3 Frühlingszwiebeln und Hähnchenstücke abwechselnd auf einen Holzspieß stecken.

3. Teriyaki Sauce, Mirin und Zucker in einem Topf aufkochen und dann abkühlen lassen.

4. Die Hähnchen-Lauchspieße mit der Sauce bepinseln und 10 Minuten marinieren, anschließend gut abtropfen lassen.

5. Spieße im **Programm Hähnchen** grillen und mit der restlichen Sauce servieren.

MANUELL

Beim OptiGrill GC702D wählen Sie den manuellen Modus.
Bei den Plus-Modellen die mittlere Grillstufe.

Bruschette mit Birne und Frischkäse

4 PERSONEN 5 Min. Vorbereitung | 25 Min. Grillzeit

Zutaten

8 Scheiben frisches Weißbrot
2 Birnen
200 g Ricotta
50 g Blauschimmelkäse
ca. 2 EL Ahornsirup
Olivenöl
4 Scheiben Serrano-Schinken
Saft einer ½ Zitrone

Zubereitung

1. Weißbrotscheiben von beiden Seiten mit Olivenöl einpinseln.

2. Ricotta und Blauschimmelkäse vermischen.

3. Zunächst den Serrano-Schinken im **Programm Manuell** oder **Bacon** (falls vorhanden) knusprig grillen, auskühlen lassen und anschließend zerbröseln.

4. Birnen schälen und in Spalten schneiden. Diese mit dem Zitronensaft beträufeln und mit etwas Olivenöl einpinseln.

5. Im **Programm Manuell** die Birnen grillen, bis sie ein schönes Branding haben und diese zur Seite stellen.

6. Im **Programm Manuell** das Brot knusprig grillen.

7. Die Ricotta-Blauschimmelkäse-Mischung auf den Broten verteilen, die Birnenscheiben darauf legen und den Serrano darüber bröseln.

8. Zum Schluss mit etwas Ahornsirup beträufeln und servieren.

Köfte im Fladenbrot

4 PERSONEN 30 Min. Vorbereitung I 15 Min. Grillzeit

Zutaten

4 Mini Fladenbrote oder Pide
1 rote Zwiebel, in Ringe geschnitten
1 Prise Sumach
Salz
1 Bund Petersilie
1 Gemüsezwiebel, gerieben
1 Knoblauchzehe, gehackt
je 250 g Lamm- und Rinderhack, gemischt
1 Ei
1 TL Olivenöl
1 TL frisch gemahlener Kreuzkümmel
½ TL Chiliflocken
1 milde Spitzpaprika
Knoblauchsauce oder Knoblauchjoghurt nach Geschmack

Zubereitung

1. Brote halbieren und die Krume – das weiche Innere – herausholen und beiseitestellen.

2. Petersilie hacken. 1–2 EL gehackte Petersilie und Zwiebelringe mischen und mit Sumach und Salz würzen.

3. Gemüsezwiebel mit Hackfleisch, der restlichen Petersilie, Ei, Olivenöl, Knoblauch, Kreuzkümmel und einer Handvoll Brotkrumen vermischen. Mit Chiliflocken, Salz und Pfeffer würzen.

4. Mit etwas feuchten Händen 12 längliche Rollen aus dem Hackfleisch formen und zur Seite stellen.

5. Spitzpaprika der Länge nach vierteln und mit etwas Olivenöl besteichen. Im **Programm Manuell** kurz anrösten und zur Seite legen.

6. Im **Programm Manuell** dann die Köfte grillen, bis sie schöne Grillstreifen haben.

7. In die Fladenbrote etwas Joghurtsauce geben und anschließend nach Belieben mit gegrillter Paprika, Zwiebeln, Köfte füllen und ggfs. noch mit Chiliflocken nachschärfen.

Ananas-Spieße mit Joghurt und Pistazien

4 **PERSONEN** 15 Min. Vorbereitung | 15 Min. Grillzeit

Zutaten

1 Ananas
10 g Minze
5 EL gutes Olivenöl
½ Limette
Salz & Zucker
30 g Pistazienkerne
350 g griechischer Joghurt 10% (kalt stellen!)
etwas Honig
Holzspieße

Zubereitung

1. Ananas schälen und in Blöcke schneiden, ca. 10 cm lang und 4 cm dick.

2. Minze waschen, zupfen und fein hacken. Mit Olivenöl vermengen und mit Limettensaft, Salz und Zucker abschmecken.

3. Pistazien grob hacken.

4. Etwas Minzöl auf den Teller geben.

5. Die Ananas im **Programm Manuell** grillen, bis sie schöne Grillstreifen hat und weich ist. Das dauert etwa 15 Minuten. Zwischendurch einmal drehen, damit alle Seiten Hitze abbekommen.

6. Gekühlten Joghurt auf den Teller mit dem Minzöl geben und noch etwas Minzöl über den Joghurt geben.

7. Gegrillte Ananas mit einem Holzspieß aufspießen und auf den Joghurt legen. Mit Honig, Minzöl und gehackten Pistazien garnieren.

Birne mit Ricotta und Schokolade

4 PERSONEN 5 Min. Vorbereitung | 20 Min. Grillzeit

Zutaten

4 reife Birnen, halbiert und das Kerngehäuse entfernt
1 ½ TL Zimt
3 EL Honig + etwas extra als Topping
250 g Ricotta
Schoko-Raspel
Minze

Zubereitung

1. Ricotta mit dem Zimt und dem Honig gut verrühren.

2. Birnen im **Programm Manuell** grillen, bis sie schöne Grillstreifen haben.

3. Je zwei Birnen auf einen Teller mit der Innenseite nach oben setzen.

4. In die Mulden eine Nocke Ricotta setzen und mit Schoko-Raspel garnieren.

5. Zum Schluss noch etwas Honig und ein paar Minzblätter als Topping darauf geben.

Gegrillter Wassermelonen-Salat

2 PERSONEN 15 Min. Vorbereitung + 60 Min. Marinierzeit | 6 Min. Grillzeit

Zutaten

2 Scheiben Wassermelone
½ rote Zwiebel
10 Kirschtomaten
½ Fetakäse
2 EL Olivenöl
2 EL Rotweinessig
1 EL Zucker
Salz
frisch gemahlener Pfeffer

Zubereitung

1. Olivenöl, Rotweinessig und Zucker zum Dressing vermengen.

2. Wassermelonenscheiben beidseitig mit Salz bestreuen und auf ein Gitter legen. 15 Minuten ziehen lassen.

3. Zwiebeln in Ringe schneiden, Tomaten halbieren, Basilikum – sofern gewünscht – grob hacken. Fetakäse grob zerkrümeln und zur Seite stellen.

4. Zwiebeln und Tomaten in das Dressing geben.

5. Wassermelone unter Wasser abwaschen, trocken tupfen und mit Olivenöl einpinseln.

6. Die Wassermelonen im **Programm Manuell** mit hoher Hitze ca. 3 Minuten grillen.

7. Die Wassermelone danach auskühlen lassen und von der Schale befreien. Das Fleisch der Melone in Würfel schneiden und in das Dressing geben. Alles miteinander vermengen.

8. Den Salat für ca. 45 Minuten in den Kühlschrank stellen und marinieren lassen.

9. Vor dem Servieren den Fetakäse über den Salat krümeln und anschließend anrichten.

Bergpfirsich mit Kürbiskrokant und Vanillejoghurt

2 PERSONEN 10 Min. Vorbereitung | 20 Min. Grill- und Kochzeit

Zutaten

2 Bergpfirsiche
2 EL Zucker
3 EL Kürbiskerne
Salz
4 TL Zucker
Vanillejoghurt

Zubereitung

1. Pfirsiche halbieren und entkernen.

2. Die Schnittflächen der Pfirsichhälften in den Zucker drücken.

3. Die Kürbiskerne in einer Pfanne ohne Fett anrösten und mit 4 TL Zucker bestreuen. Den Zucker karamellisieren lassen und zum Schluss mit etwas Salz würzen. Kürbiskerne zum Auskühlen auf einen Teller geben.

4. Die Pfirsichhälften im **Programm Manuell** angrillen.

5. Vanillejoghurt auf einen Teller geben, die Pfirsichhälften in den Joghurt setzen und mit dem Kürbiskrokant bestreuen.

PANINI

Kochschinken-Provolone-Sandwich

2 PERSONEN 10 Min. Vorbereitung | 10 Min. Grillzeit

Zutaten

4 Scheiben Vollkorntoast, Ciabatta, o. ä.
2 EL Mayonnaise
½ Knoblauchzehe
½ TL getrockneter Thymian
4 Scheiben Kochschinken
2 Scheiben Salami
4 Scheiben Provolone
eingelegte Jalapeños

Zubereitung

1. Mayonnaise, Knoblauch und Thymian miteinander vermengen.

2. Mayonnaise-Mischung auf die Innenseiten der Brotscheiben streichen.

3. Das Brot in folgender Reihenfolge belegen: Kochschinken, einige Ringe Jalapeños, Provolone, Salami, Provolone, einige Ringe Jalapeños und Kochschinken.

4. Zum Schluss die obere Brotscheibe aufsetzen.

5. Im **Programm Panini** das Panini goldbraun grillen und zum Servieren diagonal teilen.

Panini mit Geflügel, Brie und Preiselbeer-Senfsauce

2 PERSONEN 10 Min. Vorbereitung | 10 Min. Grillzeit

Zutaten

4 Scheiben kräftiges Vollkornbrot
4 EL Preiselbeeren aus dem Glas
1 EL Senf
1 TL Apfelessig
Pfeffer
6 Scheiben Brie
3 Scheiben Hähnchenbrustaufschnitt, alternativ Truthahn
Butter

Zubereitung

1. Preiselbeeren, Senf und Apfelessig miteinander vermischen und mit frisch gemahlenem Pfeffer abschmecken.

2. Brot von innen und außen mit etwas Butter einstreichen.

3. Brot mit Geflügelaufschnitt belegen und mit frisch gemahlenem Pfeffer würzen.

4. Den Brie und die Preiselbeer Senfsauce auf das Geflügel geben.

5. Obere Brotscheibe aufsetzen und im **Programm Panini** kross grillen und zum Servieren nach Belieben diagonal teilen.

Thunfisch-Panini

2 PERSONEN 10 Min. Vorbereitung | 10 Min. Grillzeit

Zutaten

4 Scheiben Weißbrot oder Toast
1 Dose Thunfisch in Wasser
2 EL TK-Erbsen
1 kleine Zwiebel
½ Knoblauchzehe
1 EL glatte Petersilie
2 EL Mayonnaise
3 EL geriebener Mozzarella
frisch gemahlener Pfeffer
grobes Meersalz
1 EL Olivenöl
Blattsalat

Zubereitung

1. Thunfisch aus der Dose abschütten und zerkleinern.

2. Zwiebel, Knoblauch und Petersilie fein hacken.

3. Die genannten Zutaten mit Mayonnaise, Olivenöl, Erbsen und Mozzarella gründlich vermischen.

4. Mit Salz und Pfeffer abschmecken.

5. Toastbrotscheiben jeweils unten mit einem Salatblatt belegen und darauf den Thunfischmix geben.

6. Obere Toasthälfte aufsetzen, im **Programm Panini** goldgelb grillen und zum Servieren diagonal teilen.

Sandwich mit grünem Spargel

2 PERSONEN 5 Min. Vorbereitung | 20 Min. Grillzeit

Zutaten

4 Scheiben Sandwichtoast
1 EL Olivenöl
ca. 6 Stangen grüner Spargel
4 Scheiben Kochschinken
4 Scheiben Emmentaler
Mayonnaise
frisch gemahlener schwarzer Pfeffer

Zubereitung

1. Die holzigen Spargelenden ca. 1,5 bis 2 cm kürzen und den Spargel leicht mit Olivenöl benetzen.

2. Die Spargelstangen für einige Minuten im **Programm Manuell** grillen, bis sie schöne Grillstreifen haben.

3. Toastscheiben auf den Innenseiten mit Mayonnaise bestreichen, pfeffern und sämtliche Toasthälften mit einer passenden Scheiben Emmentaler und Kochschinken belegen.

4. Den gegrillten Spargel auf den unteren Sandwichtoasthälften verteilen und anschließend die Oberseite mit Kochschinken und Käse auflegen.

5. Das **Programm Panini** auswählen, den Spargelsandwich goldbraun grillen.

Tipp:

Im Gegensatz zu weißem Spargel muss grüner Spargel nicht geschält werden. Lediglich die Enden sind etwas holzig und sollten entfernt werden.

Serrano-Rucola-Sandwich

2 PERSONEN 5 Min. Vorbereitung | 10 Min. Grillzeit

Zutaten

4 Scheiben Sandwichtoast
4 Scheiben Serano-Schinken
4 Cherrytomaten, in Scheiben geschnitten
1 Handvoll Rucola
1 Kugel Mozzarella, in Scheiben geschnitten
2 EL Tomatenpesto

Zubereitung

1. Alle 4 Scheiben Sandwichtoast mit dem Tomatenpesto bestreichen.

2. Die unteren Hälften mit Serrano-Schinken, Tomatenscheiben, Mozzarellascheiben und Rucola belegen und obere Toastscheibe auflegen.

3. Programm Panini auswählen, das Sandwich knusprig grillen und zum Servieren diagonal teilen.

Bacon-Brie-Sandwich mit Portweinzwiebeln

2 PERSONEN 10 Min. Vorbereitung | 30 Min. Grillzeit

Zutaten

4 Scheiben Bauernbrot
Brie
4 Scheiben Bacon
Portweinzwiebeln:
3 mittelgroße rote Zwiebeln
50 g Butter
2 EL Wasser
30 g brauner Zucker
½ EL Majoran, getrocknet
1 ½ TL Thymian, getrocknet
120 ml Portwein
1 Schuss Rotweinessig
Salz
frisch gemahlener schwarzer Pfeffer

Zubereitung

1. Zwiebeln in Ringe schneiden und in einer Pfanne in der Butter glasig dünsten.

2. Wasser und den Zucker in einem Topf aufkochen und leicht karamellisieren. Mit Portwein ablöschen und auf die Hälfte einkochen lassen.

3. Zwiebeln und Gewürze hinzugeben, alles verrühren und so lange köcheln lassen, bis die Flüssigkeit fast vollständig eingekocht ist. Das dauert etwa 15 Minuten. Zum Schluss mit ein wenig Salz, frisch gemahlenem Pfeffer und etwas Rotweinessig abschmecken und auskühlen lassen.

4. Programm Bacon falls vorhanden, ansonsten das **Programm Manuell** nutzen und den Bacon knusprig angrillen.

5. Brothälften von außen mit Olivenöl einpinseln.

6. Untere Brothälfte mit Portweinzwiebeln belegen und darüber den gegrillten Bacon krümeln.

7. Darüber dann großzügig Brie legen und auf diesen dann wieder Portweinzwiebeln und zerkrümelten Bacon.

8. Das **Programm Panini** auswählen, das Sandwich goldbraun grillen und zum Servieren diagonal teilen.

Räucherlachs-Sandwich

2 PERSONEN 5 Min. Vorbereitung | 10 Min. Grillzeit

Zutaten

4 Scheiben Toast oder Ciabatta
2 EL Mayonnaise
1 Hand voll frische Spinatblätter
200 g geräucherte Lachs
50 g Ziegenkäsefrischkäse
frisch gemahlener schwarzer Pfeffer

Zubereitung

1. Die Brotscheiben jeweils von innen mit der Mayonnaise bestreichen.

2. Untere Brotscheiben mit frischen Spinatblättern und Ziegenkäse belegen. Etwas mit Pfeffer würzen.

3. Auf den Ziegenkäse den Räucherlachs platzieren und darauf wiederum Ziegenkäse und Blattspinat.

4. Zum Schluss die obere Brothälfte aufsetzen.

5. Das **Programm Panini** auswählen, das Sandwich goldbraun grillen und zum Servieren nach Belieben diagonal teilen.

Tipp:

Wenn Sie das Brot von außen noch knuspriger grillen möchten, dann streichen Sie auf die Außenseiten der Brotscheiben etwas Butter oder Olivenöl.

Hawaii Panini

2 PERSONEN 5 Min. Vorbereitung | 10 Min. Grillzeit

Zutaten

4 Scheiben Vollkorntoast
2 Scheiben Ananas
2 Scheiben Gouda
2 Scheiben Kochschinken oder Putenbrustaufschnitt
½ TL Currypulver
½ TL Paprikapulver
1 EL Preiselbeeren aus dem Glas

Zubereitung

1. 2 Toastscheiben mit je einer Scheibe Kochschinken oder Putenbrust belegen.

2. Darauf eine Scheiben Ananas legen und mit etwas Curry- und Paprikapulver bestreuen.

3. Auf die Ananas eine Scheibe Käse geben und zum Abschluss je einen ½ EL Preiselbeeren und die obere Toastbrotscheibe auflegen.

4. Das **Programm Panini** wählen, den Toast goldbraun rösten und zum Servieren diagonal aufschneiden.

Avocado-Sandwich

2 PERSONEN 15 Min. Vorbereitung | 30 Min. Grillzeit

Zutaten

⅓ bis ½ Ciabatta, längs halbiert
2–3 EL Pesto nach Geschmack
1 mittelgroße Avocado
1 Frühlingszwiebel
½ Packung Feta
4 Cherrytomaten

Zubereitung

1. Das längs halbierte Ciabatta in der Mitte teilen und alle Hälften mit der Pesto einstreichen.

2. Die Avocado entkernen und das Fruchtfleisch in Spalten aufschneiden, das Weiße der Frühlingzwiebel in sehr feine Ringe schneiden, das Grüne in breitere, den Feta grob zerbröseln.

3. Die Cherrytomaten in Scheiben schneiden, auf der Pesto verteilen, den Feta und die Frühlingszwiebel darüber geben und mit den Avocado-Spalten abschließen.

4. Den Deckel auflegen und auf dem **Programm Panini** knusprig grillen.

SCHWEIN

Beim OptiGrill XL nutzen Sie das Programm Schwein,
bei den anderen das Steak-Programm.

Souvlaki mit Pitabrot und Tzatziki

2 PERSONEN 15 Min. Vorbereitung + 6 Stunden Marinierzeit | 20 Min. Grillzeit

Zutaten

400 g Schweinefilet
50 ml Olivenöl
1 Zitrone
2 Knoblauchzehen
1 kleine Zwiebel
1 EL getrockneter Oregano
grobes Meersalz
frisch gemahlener Pfeffer
1 rote Zwiebel
1–2 Tomaten
Tzatziki
Pitabrot
Salat

Zubereitung

1. Schweinefilet in 2 cm dicke Scheiben schneiden.

2. Aus Olivenöl, Zitronensaft, gepresster Knoblauchzehe, fein gehackter Zwiebel, Oregano und etwas Salz und Pfeffer eine Marinade herstellen.

3. Die Filetmedallions flach hinlegen und dann auf Holzspieße aufspießen.

4. Die Spieße für 6 Stunden in der Marinade im Kühlschrank durchziehen lassen.

5. Programm Schwein einstellen und die Spieße knusprig grillen.

6. Gegrillte Spieße auf warmem Pitabrot mit Salat, Tomatenscheiben, in Ringe geschnittenen roten Zwiebeln und Tzatziki servieren.

Balsamico-Schweinefilet mit Rosmarinkartoffeln

2 PERSONEN 10 Min. Vorbereitung + 3 Stunden Marinierzeit | 35 Min. Grill- und Backzeit

Zutaten

ca. 400 g Ibérico Schweinefilet
Marinade:
80 ml Balsamico Essig
40 ml Olivenöl
1 EL Sojasauce
2 TL brauner Zucker
½ TL frisch gemahlener Tellicherry Pfeffer
ca. 10 g frische Rosmarinnadeln
1 Knoblauchzehe
Für die Rosmarinkartoffeln:
5 mittelgroße Kartoffeln
Olivenöl
Meersalz
1 Zweig Rosmarin

Zubereitung

1. Die Zutaten für die Marinade in einem Zipp-Beutel miteinander vermengen und das Schweinfilet für circa 3 Stunden darin im Kühlschrank marinieren.

2. In der Zwischenzeit die Kartoffeln waschen, in Spalten schneiden und mit Olivenöl, Meersalz und fein gehackten Rosmarinnadeln benetzen.

3. Auf ein mit Backpapier ausgelegtes Blech legen und bei ca. 180 bis 200 °C für ca. 30–35 Minuten im Backofen garen.

4. Nach Ende der Marinierzeit die Marinade abtupfen, das **Programm Schwein** auswählen und das Filet grillen.

5. Vor dem Servieren das Fleisch und die Kartoffeln mit etwas frisch gemahlenem Pfeffer würzen.

Tipp:

Um das Fleisch möglichst gleichmäßig zu garen, empfiehlt es sich, das Filet circa 30–45 Minuten vor dem Grillen aus dem Kühlschrank zu holen und Raumtemperatur annehmen zu lassen.

STEAK

Flank Steak mit Nussbutter und karamellisierten Tomaten

2 PERSONEN 20 Min. Vorbereitung + Kochzeit | 15 Min. Grillzeit

Zutaten

1 Flank Steak
150 g Butter
1 Zweig Rosmarin
1 Zweig Thymian
2–3 Knoblauchzehen ohne Schale
Fleur de Sel
frisch gemahlener Pfeffer
Für die Tomaten:
12 Kirschtomaten
2 EL Puderzucker
etwas Balsamico

Zubereitung

1. Flank Steak 30 Minuten vor der Zubereitung aus dem Kühlschrank nehmen und von beiden Seiten mit grobem Meersalz einreiben.

2. Pfanne erhitzen. Butter, Knoblauchzehen, Rosmarin und Thymian hinzufügen. Wenn die Butter anfängt zu schäumen, etwas rühren und weiter beobachten, bis die Butter braun wird. Vom Herd nehmen und warm halten.

3. Den Puderzucker in der Pfanne bei mittlerer Hitze zum Schmelzen bringen, die Tomaten in die Pfanne geben und im flüssigen Zucker schwenken, sodass sie überall benetzt sind. Hitze herunterdrehen und die Tomaten noch etwas schmoren lassen, am Ende mit ein paar Spritzern Balsamico ablöschen.

4. Das Flank im **Programm Steak** auf den gewünschten Gargrad grillen. Nach dem Grillen 3 Minuten ohne Abdeckung auf einem Teller ruhen lassen.

5. Das Steak in dünne Tranchen aufschneiden, kräftig mit frisch gemahlenem Pfeffer würzen, mit der Nussbutter übergießen und zusammen mit den karamellisierten Tomaten servieren.

Tipp:

Flank Steak hat lange Fasern. Beim Aufschneiden unbedingt darauf achten, 90 Grad gegen den Faserverlauf aufzuschneiden und das Messer etwas 45 Grad nach hinten kippen. Das sorgt später für den optimalen Biss.

Filet Mignon mit Kräuterbutter auf geröstetem Baguette

2 PERSONEN 20 Min. Vorbereitung + 30 Min. Marinierzeit | 20 Min. Grillzeit

Zutaten

2 US Black Angus Rinderfilets à ca. 100 g
2 Scheiben Bacon
125 g Butter
8 Scheiben Baguette
Feldsalat
50 ml Olivenöl
50 ml Balsamico
3 EL mediterrane Gewürzmischung
1 Bio-Zitrone, Saft und Abrieb
Salz
frisch gemahlener Pfeffer
2 Knoblauchzehen
Metzgergarn
Olivenöl zum Bestreichen

Zubereitung

1. Zimmerwarme Butter mit 2 EL der mediterranen Kräutermischung vermengen und anschließend kalt stellen.

2. Für die Marinade aus ⅔ Olivenöls und Balsamicos unter Hinzugabe von etwas Zitronenabrieb, 1 TL Zitronensaft, einer Prise Pfeffer, 1 EL mediterraner Gewürzmischung, sowie etwas fein gehacktem Knoblauch miteinander vermengen.

3. Steaks in der Marinade für 30 Minuten ziehen lassen.

4. Nach dem Marinieren Steaks mit je einer Scheiben Bacon umwickeln und mit Metzgergarn fixieren.

5. Baguette in gleichmäßige Scheiben schneiden. Je zwei Scheiben pro Filet mit Olivenöl bepinseln.

6. Feldsalat waschen und aus gleichen Teilen Olivenöl, Balsamico, einer Prise Salz, frisch gemahlenem Pfeffer, einem Spritzer Zitronensaft ein Dressing herstellen.

7. Auf jedem Teller Feldsalat mittig als Nest anrichten und etwas von dem Dressing über den Salat gießen.

8. **Programm Steak** auswählen und das Rinderfilet auf den gewünschten Gargrad grillen.

9. Nach dem Grillen Steak vom Grill nehmen und kurz auf einem warmen Teller ruhen lassen, aber nicht abdecken!

10. Im **Programm Manuell** sofort das Baguette goldbraun anrösten und danach mit einer Knoblauchzehe die Oberseite einreiben.

11. Je zwei Brotscheiben auf das Salatnest legen und darauf je ein Filet Mignon setzen. Auf die Filets jeweils ein Stück Kräuterbutter geben und servieren.

Hot Ribeye mit Blue Cheese Jalapeño Topping

2 PERSONEN 5 Min. Vorbereitung | 25 Min. Grill- und Kochzeit

Zutaten

2 Ribeye Steaks, 3–4 cm dick
200 g Blauschimmelkäse
2 EL eingelegte Jalapeños
1 TL frisch gemahlener Pfeffer
Fleur de Sel

Zubereitung

1. Das Fleisch 30 Minuten vor dem Grillen von beiden Seiten mit Fleur de Sel einreiben und zur Seite stellen.

2. Den Blauschimmelkäse in einem Topf erwärmen und schmelzen. Eingelegte Jalapeños fein hacken und mit in den Topf geben. Alles gut vermengen und warm halten.

3. Programm Steak wählen und die Steaks auf den gewünschten Gargrad grillen und anschließend auf einem vorgewärmten Teller 3 Minuten ruhen lassen, nicht abdecken!

4. Die Steaks mit frisch gemahlenem Pfeffer würzen und in Tranchen aufschneiden. Zum Servieren geschmolzenen Blauschimmelkäse über die Tranchen gießen.

Tipp:

Fleisch nach dem Grillen niemals in Alufolie o. ä. einwickeln. Das führt dazu, dass beim Anschneiden die Flüssigkeit verloren geht. Die gehört ins Fleisch, nicht auf den Teller.

Rumpsteak auf Rucola-Parmesan-Salat

2 PERSONEN 10 Min. Vorbereitung | 20 Min. Grillzeit

Zutaten

2 Rumpsteaks, ca. 3 cm dick
2 Hand voll Rucola
12 Cherry-Tomaten
Parmesan am Stück
Balsamico
Olivenöl
Fleur de Sel
frisch gemahlener Pfeffer

Zubereitung

1. Rumpsteaks ca. 30 Minuten vor dem Grillen aus dem Kühlschrank nehmen und von beiden Seiten mit Fleur de Sel würzen bzw. einreiben.

2. Rucola putzen und trocken schleudern. Die Tomaten halbieren.

3. Balsamico und Olivenöl mit einem Schneebeesen verquirlen, mit Salz und Pfeffer abschmecken.

4. Programm Steak einstellen und das Steak bis zum gewünschten Gargrad grillen.

5. Nach dem Grillen offen drei Minuten ruhen lassen, dann in Tranchen schneiden und mit frisch gemahlenem Pfeffer würzen.

6. Rucola mit dem Dressing mischen und auf einem Teller verteilen. Mit den halben Tomaten garnieren und die Fleischtranchen darauf anrichten.

7. Zum Schluss den Parmesan darüber hobeln.

Tefal

Flank Steak Pinwheels mit Nusskruste

4 PERSONEN 30 Min. Vorbereitung | 15 Min. Grillzeit

Zutaten

Flank Steak
12–15 Scheiben Bacon
1 Hand voll Pekannüsse
Salz
Pfeffer
Paprikapulver
Honig Senf Sauce:
60 g Honig
80 g Senf
60 g Ketchup
30 g Apfelessig
2 EL brauner Zucker
2 EL Worchestershire Sauce
1 TL Chipotle Tabasco
Holzstäbchen zum Fixieren

Zubereitung

1. Die Zutaten für die Honig-Senf-Sauce mit einem Schneebesen miteinander vermengen.

2. Flank unter Frischhaltefolie legen und plattieren.

3. Fleisch von beiden Seiten mit Salz, Pfeffer und Paprikapulver würzen.

4. Bacon parallel zur kurzen Seite bündig nebeneinander auf die gesamte Fläche auslegen.

5. Flank Steak über die längere Seite aufrollen und die Rolle an der Nahtstelle jeweils mit Holzstäbchen im Abstand von 2 Zentimetern fixieren.

6. Zwischen den Holzstäben in Scheiben schneiden und diese dann mit der Honig-Senf- Sauce einpinseln.

7. Pekannüsse hacken, über die Flank Rind Scheiben streuen und leicht andrücken.

8. Programm Steak auswählen und die einzelnen Pinwheels auf den gewünschten Gargrad grillen.

9. Mit der restlichen Honig-Senf-Sauce servieren.

Tipp:

Wer eine ruhige Hand und ein scharfes Messer hat, kann das Flank Steak auch horizontal halbieren, dann ersparen Sie sich die Klopferei.

Flat Iron auf Tagliatelle und Kräuterseitlingen

2 PERSONEN 10 Min. Vorbereitung | 25 Min. Grillzeit

Zutaten

1 Flat Iron Steak (ca. 600 g schwer)
grobes Meersalz
frisch gemahlener Pfeffer
3 Kräuterseitlinge
1 Knoblauchzehe
Olivenöl
200 g Tagliatelle
Petersilie

Zubereitung

1. Steak von beiden Seiten mit grobem Meersalz einreiben und auf einem Teller ca. 30 Minuten ruhen lassen.

2. Kräuterseitlinge längs in Scheiben schneiden, Knoblauch hacken.

3. In einer Pfanne Olivenöl erhitzen und den Knoblauch leicht andünsten, anschließend die Kräuterseitlinge hinzufügen und goldbraun braten.

4. Nudeln nach Packungsanweisung kochen und warm halten.

5. Flat Iron Steak im **Programm Steak** auf den gewünschten Gargrad grillen und anschließend 5 Minuten offen auf einem Schneidbrett ruhen lassen.

6. Pasta mit den gebratenen Seitlingen mischen und mit gehackter Petersilie garnieren.

7. Flat Iron Steak gegen die Faser in Tranchen schneiden und kräftig mit frisch gemahlenem Pfeffer würzen.

Tipp:

Das Flat Iron Steak hat von Natur aus einen etwas festeren Biss, deshalb unbedingt auf den Faserverlauf achten und entgegen der Faser aufschneiden!

Tri Tip mit Pico de Gallo

4 PERSONEN 10 Min. Vorbereitung + 2 Stunden Marinierzeit | 25 Min. Grillzeit

Zutaten

1 Bürgermeisterstück (ca. 750 - 1000 g)
Salz
frisch gemahlener Pfeffer
Baguette
Pico de Gallo:
3 Tomaten, Kerngehäuse entfernt und gewürfelt
½ Knoblauchzehe
2 EL Korianderblätte, gehackt
1 kleine Chilischote, Kerne und Scheidewände entfernt
Saft einer ½ Limette

Zubereitung

1. Steak von beiden Seiten mit grobem Meersalz einreiben und 30 Minuten ruhen lassen.

2. Zutaten für die Pico de Gallo grob zerkleinern und vermischen. Eine Marinierzeit von 2 Stunde ist empfehlenswert.

3. Steak im **Programm Steak** bis zur gewünschten Kerntemperatur grillen und anschließend 5 Minuten ruhen lassen.

4. Fleisch in Tranchen aufschneiden, kräftig mit frisch gemahlenem Pfeffer würzen und als Topping die Pico de Gallo über das Fleisch geben.

Tipp:

Steak immer 90 Grad zur Faser aufschneiden. Das Bürgermeisterstück hat zwei unterschiedliche Faserverläufe, die man bei der Rohware gut erkennen kann. Beim Aufschneiden darauf achten, dass man das Steak beim Faserverlaufwechsel entsprechend dreht, um weiter im richtigen Winkel zu schneiden.

Hanging Tender mit Gremolata

2 PERSONEN 10 Min. Vorbereitung | 20 Min. Grillzeit

Zutaten

1 Hanging Tender (besteht aus zwei Muskelsträngen)
grobes Meersalz
frisch gemahlener Pfeffer
Gremolata:
1 Bund glatte Petersilie
1 Knoblauchzehe
1 TL frische Thymianblättchen
gutes Olivenöl
Abrieb einer Limette
Saft einer ½ Limette
1 Prise Salz

Zubereitung

1. Hanging Tender entlang der Mittelsehne parieren, diese entfernen oder vom Metzger die zwei einzelnen Stücke küchenfertig kaufen.

2. Fleisch von allen Seiten mit grobem Meersalz einreiben und ca. 30 Minuten ruhen lassen.

3. Für die Gremolata die Petersilie und den Knoblauch grob hacken. Die übrigen Zutaten hinzugeben und so viel Olivenöl auffüllen, dass eine sämige Paste ähnlich eines Pestos entsteht.

4. Fleisch im **Programm Steak** bis zum gewünschten Gargrad grillen und 5 Minuten offen ruhen lassen.

5. Anschließend entgegen der Fleischfaser in Tranchen schneiden, mit frisch gemahlenem Pfeffer würzen und zum Schluss die Gremolata über das Fleisch geben.

Tipp:

Hanging Tender, das „hängende Zarte“, hierzulande als Nierenzapfen bekannt, ist der Stützmuskel des Zwerchfells – und ein unglaublich zarter Cut mit intensivem Rindfleischgeschmack. Ungeübte sollten den Metzger bitten, die Mittelsehne zu entfernen, sonst kommt schnell Frust auf … allerdings höchstens beim Parieren, garantiert nicht am Gaumen.

Spider Steak vom Rind mit Bruschetta

2 PERSONEN 10 Min. Vorbereitung | 10 Min. Grillzeit

Zutaten

2 Spider Steaks
Salz
Pfeffer
Baguette
Olivenöl
2 Tomaten
½ rote Zwiebel
1 Knoblauchzehe
gehackter Rucola

Zubereitung

1. Steaks 30 Minuten vor der Zubereitung aus dem Kühlschrank holen, leicht mit Olivenöl einreiben und auf beiden Seiten etwas grobes Meersalz einmassieren.

2. Stielansatz und Fruchtfleisch der Tomaten entfernen und Tomaten fein würfeln.

3. Zwiebel in feine Würfel aufschneiden und mit den Tomaten mischen.

4. Baguette mit Olivenöl einpinseln und auf **Programm Manuell** goldbraun anrösten. Anschließend mit der Schnittfläche einer halbierten Knoblauchzehe einreiben.

5. Die Tomaten-Zwiebel-Mischung auf das Baguette geben, sowie einen Spitzer Olivenöl hinzufügen und mit gehacktem Rucola garnieren.

6. Programm Steak auswählen und die Spider Steaks grillen. Nach dem Grillen mit frisch gemahlenem Pfeffer würzen und zusammen mit der Bruschetta servieren.

Tipp:

Spider Steaks sind ein in Deutschland nur wenig bekannter Cut. Das Teilstück aus der Keule, das bei jedem Tier nur einmal vorkommt, ähnelt wegen seiner charakteristischen Marmorierung einem Spinnennetz – und ist deshalb zu seinem Namen gekommen. Je nach Region nennt man es auch mal Kachelfleisch, Fledermaus oder Deckelchen.

WURST

Hot Dog mit Bier-Bratwurst und Zwiebeln

4 PERSONEN 10 Min. Vorbereitung | 20 Min. Grillzeit + 30 Min. Kochzeit

Zutaten

4 Bratwürste (frisch und roh)
Hot Dog Brötchen
2 mittelgroße Zwiebeln
0,5 Liter Bier nach Wahl
Butter
1 EL brauner Zucker
getrocknete Chiliflocken
Ketchup oder Senf nach Gusto

Zubereitung

1. Bratwürste mit einer Gabel mehrfach rundherum einstechen und Zwiebeln in Ringe schneiden.

2. Das Bier in einem Topf zum Simmern bringen und die Bratwürste für ca. 30 Minuten darin garen.

3. Butter mit 1 EL braunem Zucker in einer Pfanne erhitzen und die Zwiebeln darin anschwitzen und leicht karamellisieren.

4. Programm Wurst wählen und die Bratwürste goldbraun grillen.

5. Inzwischen das Hot Dog Brötchen aufschneiden und die Innenseiten mit Senf oder Ketchup bestreichen.

6. Je eine Bratwurst in ein Hot Dog Brötchen geben und mit ein paar Chiliflocken bestreuen. Als Topping die karamellisierten Zwiebeln darübergeben und servieren.

Tipp:

Verwenden Sie eine kräftige Biersorte.

Spieße mit Chrunch (Fingerfood)

4 PERSONEN 5 Min. Vorbereitung | 10 Min. Grillzeit

Zutaten

4 Bratwürste (vorgebrüht)
BBQ Sauce nach Wahl
1 Hand voll Chips, zerbröselt
Holzspieße

Zubereitung

1. Bratwürste in gleichmäßig dicke Stücke aufschneiden (ca. 2 Zentimeter) und mehrere Wurststücke auf einen Holzspieß stecken, so dass die Schnittflächen nach oben und unten zeigen.

2. Programm Wurst wählen und Bratwurstspieße knusprig grillen.

3. Nach dem Grillen die Spieße mit warmer BBQ Sauce rundherum großzügig einpinseln, anschließend mit zerbröselten Chips bestreuen und servieren.

Chorizo-Haloumi-Spieße

4 **PERSONEN** 10 Min. Vorbereitung | 10 Min. Grillzeit

Zutaten

400 g Chorizo am Stück
Haloumi, in Würfel geschnitten
Cherry-Tomaten
Dressing:
Saft einer Limette und ein paar Zesten
1 EL Honig
1 EL Weißweinessig
2 TL Olivenöl
Salz
frisch gemahlener Pfeffer
Holzspieße

Zubereitung

1. Chorizo in gleichmäßig große Stück schneiden.

2. Haloumi entsprechend der Größe der Chorizo würfeln.

3. Abwechselnd (beginnend und endend mit Chorizo) Chorizo, Haloumi und Tomate aufspießen.

4. Programm Wurst wählen und die Spieße grillen.

5. In der Zwischenzeit die Zutaten für die Marinade vermengen.

6. Spieße auf eine Platte legen, mit der Marinade einpinseln und servieren.

Sucuk-Cheddar-Panini

2 PERSONEN 10 Min. Vorbereitung | 25 Min. Grillzeit

Zutaten

1–2 Sucuk Würste
4 Scheiben Toast
ca. 4 EL Cheddar, gerieben
Rucola
2 EL Mayonnaise
½ TL geräuchertes Paprikapulver

Zubereitung

1. Mayonnaise mit dem Paprikapulver verrühen und anschließend auf die vier Toastscheiben aufstreichen. Die beiden unteren Hälften des Brotes mit ca. 1–2 EL geriebenem Cheddar bestreuen.

2. Die Sucuk häuten und der Länge nach in dünne Scheiben schneiden, so dass die beiden Sandwiches damit belegt werden können.

3. Sucuk Scheiben im **Programm Wurst** grillen und anschließend auf die untere Sandwichbrothälfte auf dem Cheddarkäse auslegen.

4. Etwas Rucola auf die Wurst geben und zum Schluss die obere Sandwichbrothälfte aufsetzen.

5. Im **Programm Panini** die Brote goldbraun grillen und vor dem Servieren jeden Sandwichtoast diagonal teilen.

Tipp:

Sucuk ist eine türkische Rindswurst, die Sie am besten im Türkischen Lebensmittelmarkt erhalten.

Oliver Quaas – der Autor

Er ist einer der erfolgreichsten Grillblogger hierzulande und war Mitbegründer des überaus erfolgreichen Grillteams BBQ-Wiesel. Mit ihnen wurde er Deutscher Grillmeister bei den Amateuren, Deutscher Vizemeister und Vizeeuropameister bei den Profis. Auf seinem Blog LivingBBQ lässt er sich gerne auf den Rost schauen – und seit er den OptiGrill für sich entdeckt hat, natürlich auch zwischen die Grillflächen.

Volker Debus – der Fotograf

Während seiner Assistenzjahre arbeitete er mit Modefotografen in New York und Miami. Nach Jahren in Hamburg, in denen er vorwiegend im Mode- und Beauty-Bereich tätig war, ist seine jetzige Wahlheimat München. Hier lebt und arbeitet er mit seiner Frau Véronique Witzigmann im kulinarischen Bereich und erschafft mit großer Leidenschaft Kochbücher und Portraits. Viele seiner Kochbücher wurden von der GAD prämiert.